Für Horst, Anton und Ludwig

Gewisse Ähnlichkeiten mit lebenden oder verstorbenen Personen sind nicht ausgeschlossen!

Hajo Lehr

Grinsgschichtli

18 Alltagsgeschichten zum Lächeln…

Illustriert von Rose Black

Impressum

Bibliografische Information der Deutschen Nationalbibliothek:
Die Deutsche Nationalbibliothek verzeichnet diese Publikation in der Deutschen Nationalbibliografie; detaillierte bibliografische Daten sind im Internet über http://dnb.dnb.de abrufbar.

© 2022 Hajo Lehr

Lektorat und technische Umsetzung: Laura Griebsch
Illustration und Titelbild: Rose Black alias Delila Berger
Nachdruck oder Vervielfältigung nur mit ausdrücklicher Genehmigung des Autors und der Illustratorin!

Herstellung und Verlag: BoD – Books on Demand, Norderstedt

ISBN: 978-3-756238163

Inhalt

Eins

GUSTLS SCHLIMME SORGEN...

Der Gustl hat Sorgen. Der Gustl hat schlimme Sorgen. Er hat ernste Sorgen! Es geht ihm nicht gut, dem Gustl! Er hat schon lange nicht mehr richtig geschlafen – wegen der ernsten, schlimmen Sorgen!

Niemand konnte ihm bis jetzt helfen – er hat auch nicht ernsthaft Hilfe gesucht wegen seiner Sorgen. Er schämt sich wegen der Sorgen. Deshalb will er auch nicht drüber reden.

Tag für Tag frisst er seine Sorgen in sich rein. Das bekommt ihm gar nicht! Es raubt ihm den Schlaf, es schlägt sich auf den Magen und er kann sich nur noch schlecht konzentrieren.

Zwei Wochen ist er nun schon krankgeschrieben, der Gustl. Er geht kaum mehr aus dem Haus. Er starrt seine Wände an, er hebt sein Telefon nicht mehr ab, wenn es klingelt und sein sonst so gesegneter Appetit ist ein Opfer der quälenden Magenschmerzen geworden. Einziger Lichtblick am Tag ist das tägliche Bierchen und der Taschenflachmann Chantrè. Diese beiden Freuden gönnt er sich trotz der Magenschmerzen. Manchmal werden es auch zwei Fläschchen Bier.

Irgendwann werden es fünf Flaschen Bier und drei bis vier Flachmänner am Tag! Und dann wacht der Gustl auf und merkt, dass der Alkohol auch kein Freund und schon gar kein Sorgenlöser ist.

An einem trüben Novembermorgen steigt er aus seinem Bett, wäscht sich, rasiert sich und kämmt sich sorgfältig die Haare. Nach einer Tasse Kaffee packt er eine Flasche Bier und seinen Flachmann in seinen Rucksack, schleicht aus der Wohnung und fährt mit seinem alten Fahrrad quer durch die Stadt in Richtung Fluss.

Drei Tage hat er kein Bier und keinen Schnaps angerührt – die Sorgen sind aber immer noch allgegenwärtig und hängen übermächtig in seinem Kopf. Ein gutes Gefühl hat er dennoch - er hat den Alkohol abgeschrieben und einen festen Entschluss gefasst…

Zielstrebig überquert er die Brücke und biegt nach links in den Stadtpark ab. Er lässt den großen Springbrunnen, den Biergarten und den großen Parkplatz hinter sich. In dem großen Park sind heute nicht mal die eisernen Jogger unterwegs, so mies ist das Wetter.

Gemächlich radelt Gustl durch seinen geliebten Stadtpark. Kurz vor dem Parkende, nahe der zweiten Wetterschutzhütte, steht seine Lieblingsbank. Hier saß er in besseren Zeiten schon Stunden, mit Blick auf die riesige, alte Trauerweide, deren geteilte und stark gekrümmte, dicke Stämme weit über den Fluss hinausragen. Hier hat er oft gesessen und gelesen und hat seinen Gedanken freien Lauf gelassen als die Welt noch in Ordnung und sorgenfrei war.

Gustl holt die Flasche Bier, den Flachmann und einen langen Strick aus seinem Rucksack. Er öffnet die Bierflasche, nimmt einen tiefen Schluck. Dann folgt ein genussvoller Zug aus dem Flachmann. Gustl schnalzt mit der Zunge und beginnt mit Geschick einen Henkersknoten in das kräftige Seil zu knüpfen…

Ja Knoten, die kann Gustl knüpfen und werfen wie fast kein Zweiter! Er ist ein echter Meister dieser Kunst. Ob *Palstek, Mastwurf, Türkenbund* oder die komplizierte *Englische Trompete* – Knoten sind seine ganz große Leidenschaft!

Und so entsteht in kurzer Zeit in seinen geschickten Händen ein lupenreiner Henkersknoten. Gustl lässt den Strick genussvoll durch die Windungen des makabren Knotens gleiten und ist stolz auf sein perfektes Werk.

Ein letzter Schluck Bier, ein tiefer Zug, der den Flachmann leert und mit einem Lächeln im Gesicht schließt Gustl sein altes Fahrrad ab, verstaut Bierflasche und Flachmann im Rucksack und selbigen auf dem Gepäckträger des Drahtesels. – Ordnung muss sein!

Mit festem Schritt geht Gustl über den kleinen Abhang und durch das Uferunterholz rüber zu dem markanten Baumriesen. In der linken Hand hält er den Strick mit dem gruseligen Knoten und mit der Rechten umklammert er den oberen der beiden geteilten Stämme der Trauerweide. Er zieht sich hoch und läuft auf dem unteren Stamm weit hinaus, bis er über dem Fluss steht. Geschickt wirft er die unheilvolle Schlinge über den oberen Stamm und knotet den Strick dort bombenfest.

Er streift sich die Schlinge des Henkerknoten über den Kopf, zieht den Knoten am Hals zu, blickt noch einmal hinüber zu seinem alten Fahrrad und mit einem halblauten: *„Leckt mich* am *Arsch ihr verdammten Sorgen"* springt Gustl von dem unteren Stamm seiner Lieblingstrauerweide.

Gustls kunstvoller, perfekter Henkersknoten hält – aber der morsche, obere Stamm der Trauerweide bricht unter Gustls Gewicht mit einem knirschenden Geräusch und Stamm, Strick und Gustl stürzen mit Getöse in den trüben, kalten Fluss!

Schwimmen ist nicht Gustls Sache! Nach dem ersten, unfreiwilligen Schluck des trüben, kalten Flusswassers und einem gewaltigen Schreck setzt sich Gustl mit einer Mischung aus Hundstrab und Freistilschwimmen in Richtung Ufer in Bewegung – mit einem großen Stück Lieblingstrauerweidenstamm im Henkersschlepptau…

Patschnass, durchgefroren und total erschöpft bekommt Gustl nach endlosen Sekunden den Boden der Uferböschung unter seine Füße und krabbelt auf allen Vieren an Land. Dort liegt er auf dem Rücken und pumpt nach Luft. Er greift mit beiden Händen nach oben und löst die Todesschlinge vom Hals und sagt laut zu sich selbst:

„*Oh Mann, wegen der Scheiß-Aufhängerei wär ich jetzt fast ersoffen!*".

Genau in diesem Moment reißen am Himmel die Wolken auf und die Sonne strahlt im schönsten Herbstgold durch die Baumwipfel, direkt ins Gesicht des tropfnassen Gustl.

„*Mensch, das Leben ist doch etwas Schönes*"- murmelt er grinsend vor sich hin - „*wäre doch gelacht, wenn wir die paar Sorgen nicht aus der Welt schaffen können*"…

ZWEI

SAM

Sam war ein guter Polizist. Sam war ein sehr guter Kollege, auf den man sich in jeder Situation hundertprozentig verlassen konnte. Sam war hilfsbereit. Sam war aber auch ein wenig „anders"

Das „Anders", oder wie es auf Schweinfurterisch heißt: „Annersch", sei nicht negativ gemeint! Beileibe nicht! Ins Hochdeutsche übersetzt könnte man es in Bezug auf Sam etwa als „Eigenwillig" definieren.

So konnte er sich – sehr zur Freude seiner Schichtkollegen – stundenlang mit seinem Gruppenleiter über unterschiedliche Auffassungen streiten.

Das „Wirtschaftsdelikt"

Legendär war der Dialog um das „Wirtschaftsdelikt"!
Der Begriff „Wirtschaftsdelikt bzw. Wirtschaftskriminalität" bezeichnet in der polizeilichen Kriminalstatistik Vermögensstraftaten wie z. B. Untreue, Subventionsbetrug, Anlagebetrug, Korruption, Geldwäsche, Insolvenzdelikte und dergleichen.
Sam hatte kürzlich einen Fall von Zechbetrug in einer renommierten, örtlichen Gaststätte aufgenommen und bearbeitet. Der polizeiliche Fachbegriff „Zechbetrug" bezeichnet den Tatbestand

, wenn ein Gast in einer Gaststätte speist und trinkt, also „zecht" und dann verschwindet, ohne „die Zeche zu begleichen". Ein Delikt, das verhältnismäßig oft vorkommt.

Sam hatte nun den Zechbetrüger ermittelt, die Zeugen und den geschädigten Gastwirt vernommen und alle nötigen Fakten gesammelt und zu Papier gebracht. Im Amtsjargon: Er hat die Anzeige zur Vorlage bei der Staatsanwaltschaft geschrieben.

So ein schriftlicher Vorgang erfordert natürlich auch die Erfassung in der polizeilichen Kriminalstatistik. Hierfür gibt es spezifische Anleitungen und Formulare. Und in eben so einem Formular kreuzte Sam seinen Zechbetrug als „Wirtschaftsdelikt", an...

Eine folgenschwere Entscheidung...

Der Gruppenleiter, über dessen Schreibtisch der gesamte Schriftverkehr seiner Schicht läuft, glaubte beim Durchlesen des Vorgangs seinen Augen nicht, als er das Statistikformular prüfte...

„Sääääm!" schallte seine unverkennbare Chefstimme durch die Räume der Dienststelle. „Sofort zu mir"!

Der Gerufene erschien sofort am Schreibtisch seines Vorgesetzten und fragte scheinheilig, wie er denn behilflich sein könne.

„Was hast Du Dir denn da gedacht? Ich hoffe, das ist ein Versehen -hier-, das mit dem Kreuzchen beim Wirtschaftsdelikt"!

Und dann begann sie, die Diskussion…

„*Nein*", antwortete Sam mit selbstsicherem, überzeugtem Tonfall!

„*Du wirst mir doch nicht ernsthaft erzählen, dass Du so einen lapidaren Zechbetrug mit 11,45 DM (D-Mark) Schaden als Wirtschaftsdelikt in der Statistik erfassen willst, oder?*"

„*Na klar*", erwiderte Sam mit dem Brustton der Überzeugung, „*der Zechbetrug ist ein Wirtschaftsdelikt!*"-

„*Sam, Du willst mich foppen, oder?*", fragte der Dienstgruppenleiter seinen Mitarbeiter augenzwinkernd.

„*Aber nein Chef, das ist mein voller Ernst*" kam es von der Vorderseite des Schreibtisches.

„*Okay, der Spaß ist Dir gelungen! So und jetzt füll das Formblatt richtig aus*", konterte der Vorgesetzte amüsiert.

„*Ich füll gar nix mehr aus, die Statistik geht so raus, wie ich sie erstellt hab*!" kam es trotzig vom Sachbearbeiter zurück!"

Der Dialog hatte sich natürlich schon in den angrenzenden Diensträumen herumgesprochen und die Schichtkollegen standen lauschend und grinsend hinter den Schränken und den geöffneten Bürotüren versteckt und waren gespannt auf den Ausgang des Disputs.

Der erfahrene Schichtführer war nicht so leicht aus der Fassung zu bringen. Geduldig forderte er Sam nochmal auf, das Statistikformblatt vorgabenkonform nach den Richtlinien auszufüllen.

Aber wie bereits erwähnt -Sam war *„halt ä weng annersch"* und wenn er sich was in den Kopf gesetzt hatte, dann musste man schon mit knallharten Argumenten operieren, um ihn zu überzeugen…

„Also Sam, jetzt ist Schluss mit Lustig, wir haben beide unseren Spaß gehabt und ich habe noch ein bisschen was zu arbeiten — erstelle jetzt Deine Statistik wie es sich gehört und gut ist es" äußerte sich der Chef unmissverständlich und mit der Hoffnung, dass die für ihn noch spaßige Angelegenheit, beendet sei.

Weit gefehlt, Herr Chef!

„Also ich bin der Sachbearbeiter und ich ändere die Statistik nicht, denn meiner Meinung nach ist die Sache eindeutig ein Wirtschaftsdelikt!", antwortete Sam.

Allmählich gaben die Nerven des Schichtführers Pfötchen!

„Schluss jetzt mit der Diskussion, Du füllst jetzt das Formular aus, wie es die Richtlinien vorschreiben und basta!", knurrte der erkennbar genervte Leiter.

„Aber Chef, es ist doch logisch zu erklären, warum es sich bei dem Zechbetrug um ein Wirtschaftsdelikt handelt. Ich versteh Deine Einstellung nicht und deshalb ändere ich die Eingabe nicht!", kam es trocken von Sam zurück.

„*Es langt mir jetzt, Du gehst mir gewaltig auf die Nerven. Wo soll den bei dem ganzen Zirkus eine Logik sein?*", entgegnete der gar nicht mehr gut gelaunte Schichtführer mit scharfer Stimme.

„*Na, das ist doch ganz klar, die Tat wurde doch in* einer **Wirtschaft** *verübt – und deshalb ist es eindeutig ein* **Wirtschaftsdelikt!**", war die verblüffende Antwort Sams auf die letzte Äußerung des konsternierten Gruppenleiters. Mit einem breiten Grinsen auf dem Gesicht drehte er sich um und verließ den Schreibtisch seines Vorgesetzten…

Es wurde hinter vorgehaltener Hand gemunkelt, dass das umstrittene Statistik-Blatt in der Nachtschicht vom Dienstgruppenleiter selbst doch noch richtlinienkonform erstellt wurde…

Wie Sam zu seinem Namen kam…

Sam war natürlich nicht der richtige Name unseres Helden. Nein, es war ein Spitzname, den er selbst allerdings völlig akzeptierte und viele Leute kannten seinen richtigen Namen gar nicht! Aber wie war er zu seinem Pseudonym gekommen?

Eines schönen Morgens erschien unser Protagonist, - damals hatte er noch seinen ganz normalen Taufnamen -, mit völlig verstrubbelten Haaren zum Dienst. Böse Zungen behaupteten, die allwöchentliche Schafkopf-Runde in der Martinsklause sei erst in den frühen Morgenstunden zu Ende gegangen. Einem jungen Kollegen entschlüpfte beim Anblick der ungezähmten Haarpracht der Satz: *„Mann, Du schaust heute ja aus wie der Sam vom Hondo!"* **...und damit war das Kind getauft!**

Aber wer kennt heute noch Sam und Hondo? Hondo war Anfang der 1970er Jahre eine Vorabend-Western-Serie im Fernsehen. Der Protagonist, Hondo, war ein heldenhafter Scout im Dienste der US-Kavallerie in Arizona. Sein treuer Begleiter war **ein struppiger Mischlingshund Namens Sam!**

Kommafehler...

Wieder einmal schallte das berüchtigte *„Sääām – sofort zu mir!"* des Schichtführers durch die Räume der Dienstgruppe und versetzte die anwesenden Beamten in wachsame Neugier.

Der Gerufene eilte sofort zum Schreibtisch seines Herren und Meisters und erkundigte sich höflich nach dessen Begehr.

Dieser hielt ihm ein eng beschriebenes DIN A 4-Blatt vor die Nase und fragte ihn, was dieses ominöse Blatt mit 30 Zeilen und geschätzten 3000 handgetippten Komma-Zeichen am Ende von Sams Anzeige zu suchen habe.

Von Sam kam die lapidare Antwort: *„Hast Du die Rückseite nicht gelesen?".* Worauf der

Dienstgruppenleiter das Blatt wendete und einen feuerroten Kopf bekam! Dort war mit Rotstift Folgendes vermerkt:

„Bitte nach Bedarf einsetzen"!

Als der Chef seine Fassung wiedergefunden hatte, schüttelte er nur seinen Kopf und meinte, dass Sam einer seiner Sargnägel sei, worauf dieser kurz und bündig antwortete: *„Du wirfst mir doch immer vor, dass ich zu wenig Kommas in meinen Anzeigen setzen würde…*

Fußstreife

Sam ging gerne auf Fußstreife. Sein Lieblingsbezirk war das Gründerviertel. Dort hatte er auch seine Wohnung. Dort hatte er seine Stammkneipe, die „Martinsklause". In diesem Quartier, westlich der Innenstadt, gab es damals noch eine funktionierende Infrastruktur. Metzgereien, Bäcker, Friseure, Schuhmacher, Elektrohändler, Lebensmittelgeschäfte und eine große Anzahl von Gaststätten waren reichlich vorhanden. Und in seinem Gäu, wie er den Bezirk nannte, kannte er Hinz und Kunz und war selbst bekannt, wie der sogenannte „bunte Hund".

Um 9 Uhr in der Frühschicht marschierte er „gestiefelt und gespornt" -wie er selbst immer sagte, wenn er auf Streife ging- mit festem Schritt in Richtung seines Streifenbezirks.

Um 11.00 Uhr war er wieder auf der Dienststelle und meldete sich ordnungsgemäß zurück. Als sein Dienstgruppenleiter vom Schreibtisch aufsah, kniff er seine Augen zusammen und murmelte zu Sam: *„Irgendwas ist doch bei Dir anders, oder?"*

„Was soll denn anders sein? Ich bin's, der Sam! Ich war auf Fußstreife und jetzt bin ich wieder da", entgegnete Sam leutselig.

„Irgendwas ist anders, ich komm noch drauf!" brummelte der Dienstgruppenleiter vor sich.

Als sich Sam wegdrehte und dem Aufenthaltsraum zustrebte, hörte er hinter sich seinen Vorgesetzten schreien: *„Jetzt weiß ich es! Du bist mit viel längeren Haaren auf Streife gegangen und jetzt sind sie frisch geschnitten! Du warst während der Fußstreife beim Friseur! Bist Du total verrückt?"*

Sams Antwort war kurz und lapidar: *„Die Haare wachsen im Dienst, dann kann ich sie auch im Dienst schneiden lassen!".*

Das war zu viel für das Nervenkostüm des geplagten Schichtführers! *„Du kannst Dich doch nicht in Uniform in einen Friseurladen setzen und Dir während des Fußdienstgangs die Haare schneiden lassen – was denken denn die Leute?"*, brüllte der sichtlich gereizte Chef seinen frisch frisierten Untergebenen an.

„Ich weiß gar nicht, warum Du Dich so aufregst, wir sollen doch Bürgernähe zeigen – und außerdem – ich war bei meinem Stamm-Friseur, der kennt mich schon ewig!" entgegnete Sam gelassen.

„Hast Du wenigstens etwas an Tätigkeiten vorzuweisen, Du warst doch hoffentlich nicht nur 2 Stunden beim Friseur gesessen, oder? Ich hoffe, Du hast wenigstens ein paar gebührenpflichtige Verwarnungen und ein paar Fahrzeug-Mängelberichte mitgebracht!" setzte der Gruppenleiter seine Strafpredigt fort.

„Nein, Chef, für solchen Kleinkram hatte ich keine Zeit!", antwortete der Gescholtene mit einem breiten Grinsen im Gesicht.

Nun verlor der genervte Vorgesetzte völlig die Contenance…
„Du warst zwei Stunden unterwegs, lässt Dir in Uniform die Haare schneiden und kommst mit völlig leeren Händen zurück! Du weißt schon, dass dieses Jahr die Leistungs-Beurteilungen fällig sind und dass sich diese Glanznummer alles andere als positiv auf deine Pluspunkte auswirken wird!" warf der Chef mit hochrotem Gesicht seinem Gegenüber an den Kopf!

„Mit leeren Händen bin ich nicht zurückgekommen, Chef! Ich hab drei Fahrraddiebstähle und bis jetzt 4 Kellereinbrüche aufgeklärt und wahrscheinlich werden es im Lauf des Tages noch ein paar Delikte mehr werden…" erwiderte Sam mit vor Stolz geschwellter Brust seinem konsternierten Dienstgruppenleiter.

„Bevor Du einen Herzinfarkt bekommst, erzähl ich Dir jetzt mal, was sich beim meinem Friseurbesuch abgespielt hat. Also ich sitz auf dem Stuhl und der Lehrling hat mir den Umhang umgebunden. Dadurch hat ja keiner gesehen, dass ich Uniform anhabe. Gerade als der Meister bei mir zu schneiden anfängt, kommt so eine schräge Type in den

*Salon, Du weißt schon, so eine typische **FAVI** (erkl.: **F**ahndungsbuch**A**ufspring**Vi**sage).*

Eine mordsdrum Bierfahne hat der Kerl gehabt und hat sich gleich in einen freien Frisiersessel fallen lassen. Kaum war er gesessen, hat er schon zu prahlen angefangen, was er für ein toller Hecht sei und was er alles schon erlebt habe. Ein richtiger Angeber! Und dann hat er den Lehrling gefragt, ob er Interesse an einem Fahrrad habe. Draußen vor der Tür hätte er eines stehen. Er würde es ganz günstig verkaufen. Fast neu sei es, mit Zehn-Gang-Kettenschaltung, Rennsattel und noch vielen anderen Extras. Zuhause habe er noch zwei fast neuwertige Räder stehen, ein Damen- und ein Kinderrad, die er günstig verkaufen würde. Er drängte dem Jungen das Rad schier auf. Dem Meister bot er im selben Atemzug eine fast neue Bohrmaschine, eine Stichsäge und einen hochwertigen Werkzeugkasten an, natürlich auch zu einem besonders günstigen Preis. Da haben bei mir die Alarmglocken geläutet. Das hat der Meister natürlich gemerkt und er hat sich mit meinem Haarschnitt soviel Zeit gelassen, dass ich gleichzeitig mit dem großmäuligen Gebrauchtwarenhändler fertig wurde.

Als der gesehen hat, dass unter meinem Frisierumhang eine Polizeiuniform zum Vorschein kam, rannte der krumme Hund wie von der Tarantel gestochen in Richtung Ausgang. Dabei hat er sich aber so dumm angestellt, dass er doch tatsächlich über den Besen des Lehrbuben stolperte, der gerade die Haare am Boden zusammenkehrte und der Flüchtende der Länge nach mitten in den Laden stürzte. Ich half ihm höflich auf die Beine zurück und legte ihm dabei zur Sicherheit mal Handschellen an. Über Funk habe ich das Fahrrad vor dem Laden überprüft und dabei stellte es sich heraus, dass es gestern am Roßmarkt gestohlen worden war. Auf dem Weg zur Wache hat mir der nun gar nicht mehr so großmäulige Galgenvogel gestanden, dass er auch die beiden Fahrräder, die er Zuhause stehen hatte, gestohlen hat. Nachdem ich ihm die Leviten gelesen hatte, beichtete er mir auch noch zwei Einbrüche in Kellerräume in meinem Revier, bei denen er die angebotenen Werkzeuge erbeutet hatte. Ich habe den Knaben dann gleich bei den Kollegen des Diebstahlsdezernats der Kriminalpolizei abgeliefert. Dort sitzt er immer noch und singt wie ein Vögelein. Die Kollegen haben mir ausrichten lassen, dass sie durch den Aufgriff beim Friseur eine ganze Diebstahlsserie klären konnten…“.

Als Sam dann Richtung Aufenthaltsraum ging um dort seinen wohlverdienten Kaffee zu trinken, meinte er im Hintergrund aus Richtung Gruppenleiterbüro ein halblautes Gemurmel wie „**Sargnagel**“ gehört zu haben…

DREI

S` STÜMMERLE

In den 1970er Jahren gab es bei der Bayerischen Landespolizei noch keine Computer, ja nicht einmal elektrische Schreibmaschinen! Ein paar Einzelne vielleicht, in den Vorzimmern der Chefs vielleicht. Aber diese High-Tech-Geräte durften nur von besonders eingewiesenen Schreibkräften bedient werden. Für den „normalen Streifenbeamten" standen die riesigen mechanischen Schreibmaschinen, vorwiegend der Marke „Olymipa" in den Büros. Damals war der Gebrauch von „Kohlepapier", „Durchschlag-Papier", „Tipp-Ex" und harten, blauen Maschinen-Radiergummis ganz normal und gehörte zum Büroalltag.

Ein ganz besonderes Utensil, das jeder Beamte, der Schriftstücke zu fertigen hatte - also eigentlich Alle -, besaß, war der grün lackierte Dokumenten-Kopier-Stift „STABILO" einer namhaften fränkischen Firma. Mit blauer und mit roter Mine gab es dieses unverzichtbare Schreibgerät. Mit diesem Stift wurden nämlich auf den Schriftsätzen und Anzeigen, sowohl die jeweiligen Empfänger, als auch wichtige Bearbeitungsvermerke wie z.B.

„JUGENDLICHER",

„HERANWACHSENDER",

„HAFTSACHE"

„ABLAGE" usw.

 unterstrichen. Die Stifte gibt es heute noch und sie sind nicht billig… Verwaltet wurden diese begehrten Schreibwaren vom Geschäftszimmerbeamten der jeweiligen Dienststelle, dem „Spieß". Hier handelte es sich meist um altgediente Innendienstbeamte, denen der Ruf eiserner Sparsamkeit anhaftete und die meist
auch in Personalunion das Vorzimmer des Dienststellenleiters besetzten.

So auch „Lubber", der Spieß unseres jungen Protagonisten. Nennen wir ihn des Datenschutzes wegen einfach mal - Peter!

Peter benötigte dringend einen neuen Rotstift und so begab der sich in die heiligen Hallen des Ersten Stocks seiner Inspektion, richtete vor der Tür des Geschäftszimmers (heute: Inspektionsbüro) seine Krawatte, nahm Haltung an und klopfte vorsichtig an der grün lackierten Holztür. Als er das dröhnende „Herein" von Lubber vernahm, trat er ein und grüßte mit einem freundlichen „Guten Morgen". Dann ereignete sich folgender Dialog:

- **Peter:** *„Ich bräuchte bitte einen neuen Rotstift".*
-
- **Lubber:** *„Du warst doch erst letzte Woche da und hast einen Rotstift geholt, oder?".*
-

- **Peter:** *„JA, ich war letzte Woche schon einmal da und NEIN, ich habe da keinen Rotstift,*
- *sondern ein Notizbuch benötigt!"*

- **Lubber:** *„Ich geb Dir eine Stiftverlängerung, da kannst Du dann noch ein paar Wochen mit* dem *alten Stift unterstreichen"!* (Anmerkung: Das gab es wirklich, eine Plastikröhre zur Verlängerung von Bleistiften!!!)

- **Peter** (leicht genervt): *„So ein Ding hab ich schon, aber selbst damit geht nix mehr, ich brauch einfach einen neuen Stift!"*

- **Lubber** (eiskalt): *„Bevor Du von mir einen neuen Stift bekommst, zeigst Du mir erst einmal Dein* **„Stümmerle"** *(ein Schelm, wer Schlechtes dabei denkt!)!"*

Nach diesem Spruch hätte man eine Stecknadel fallen hören können, in der heiligen Halle! Die beiden Vorzimmerdamen, die zusammen mit Lubber dort residierten, grinsten hinter vorgehaltenen Händen und schienen vor Freude kurz vorm Platzen zu sein. Bis Peter wie aus der Pistole geschossen antwortete:

- **Peter** (entschlossen): *„Mein* **„Stümmerle"** *geht Dich gar nix an und jetzt rück endlich den Stift raus, ich muss arbeiten!!!"*

Ein Sakrileg! Heftiges Gepruste aus der Ecke der Vorzimmerdamen und schluchtentiefe Zornesfalten auf Lubbers feuerroter Stirn! Und dann mit tiefster Verachtung in der Stimme:

- Lubber: *„Wie redest Du denn mit mir, Du Läuser?! Hast Du denn überhaupt keinen Respekt? Ich werd gleich dem Chef sagen, was Du für Einer bist!"*

In diesem Augenblick kam dröhnendes Gelächter aus der geöffneten Tür des Chefzimmers und dieser sprach:

- *„Lass gut sein Lubber, ich hab alles mitgekriegt! Gib dem Peter seinen Stift damit er seine Arbeit machen kann und lass sein* **„Stümmerle"** *in Ruhe!".*

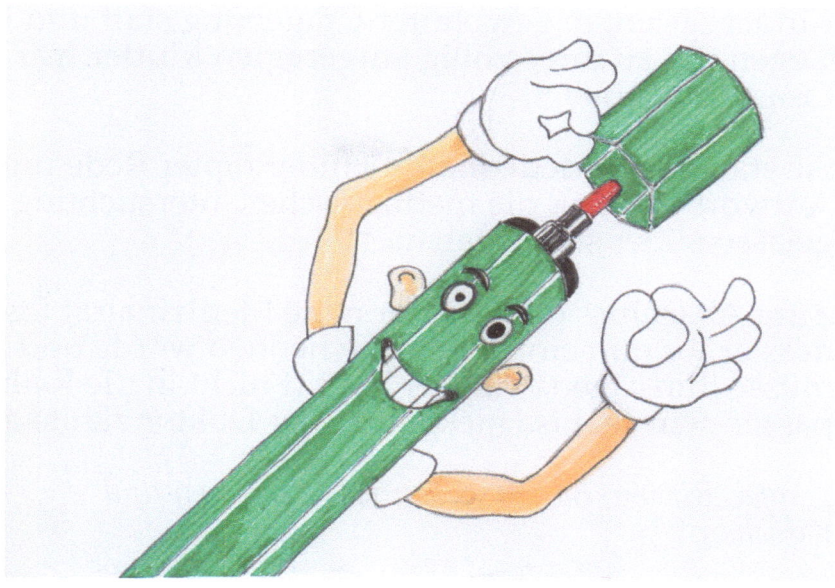

VIER

OBST ODER GEMÜSE?

Lisas Tage im Kindergarten waren gezählt…
Der 6. Geburtstag stand kurz bevor und schon
flatterte Lisas Eltern die *„Einladung zur Untersuchung
der Schultauglichkeit"* des staatlichen
Gesundheitsamtes und des städtischen Schulamtes
ins Haus.

Im Vorschulkurs des Kindergartens hatte Lisa viel
Spaß gehabt und sie freute sich schon darauf, endlich
auch ein „Schulkind" werden zu dürfen.

Dann kam der Tag der Untersuchung. Er fand im
Kindergarten, in gewohnter Umgebung statt und im
Gegensatz zu ihrer völlig aufgeregten Mutter war
Lisa „ultracool"!

Sie stand dem Medizinalrat Huber tapfer Rede und
Antwort und ließ die medizinische Untersuchung
gelassen über sich ergehen.

Zum Abschluss erklärte der nette Medizinalrat Lisa,
dass er ihr nun einige Begriffe nennen werde und sie
müsse ihm sagen, welcher Begriff nicht in die Reihe
passen würde. Lisa nickte und der Doktor zählte auf:

*„Äpfel, Birnen, Bananen, Spinat, Erdbeeren und
Kirschen."*

Ohne zu zögern, kam von Lisa die Antwort: *„Na, ganz klar, der Spinat gehört nicht dazu"*!

„Gut" antwortete Dr. Huber, *„kannst Du mir sagen, zu was der Spinat gehört?"*…

„Das weiß doch jeder," antwortete Lisa wie aus der Pistole geschossen: *„der Spinat gehört zu Kartoffeln und Spiegelei…!"*.

„Okay, das war jetzt nicht genau die Antwort, die Ich erwartet hätte – aber falsch ist sie jedenfalls nicht…" erwiderte der erstaunte Medizinalrat mit einem Lächeln im Gesicht, *„Du bist eindeutig reif für die Schule…!"*.

FÜNF

LISA UND DAS „B"

Lisa ist nun in der ersten Klasse und lernt mit Feuereifer das Lesen, das Schreiben und das Rechnen.

Heute lernt sie den Buchstaben „B". Als Hausaufgabe muss sie 5 Begriffe malen, die mit dem großen „B" beginnen.

Eine leichte Aufgabe für das aufgeweckte Kind! Die Lehrerin schaut sich Lisas Gemälde am nächsten Tag an und lobt sie für die gelungenen Zeichnungen:

*„Das hast Du gut gemacht Lisa! Ich sehe eine **B**lume, einen **B**aum, einen **B**esen und einen **B**all. Aber was ist denn das in der Mitte, da kann ich nichts mit anfangen?"*

*„Na das ist der **B**usen von Oma Irmi"*, antwortet Lisa…

SECHS

LISA UND DAS „S"

Ja, Lisas Fantasie kennt keine Grenzen und ihr Hang zum Realismus ist unverkennbar, wie die Hausaufgabe für das große „S" beweist:

„Na Lisa, da hast Du aber wieder schön gezeichnet. Einen Schlüssel, eine Schlange, einen Stern und eine Sonne! Nur, was ist denn das für ein Ding in der Mitte, das musst Du mir erklären!", lobt sie Frau Müller, die Lehrerin

„Na, das ist ein *Sender*, Frau Müller, das sieht man doch!", antwortet Lisa selbstbewusst.

„Wie kommst Du denn auf so einen Begriff?" fragt Frau Müller erstaunt.

„Na, meine große Schwester sagt mindestens dreimal am Tag zu mir, dass ich ihr auf den Sender gehen würde!"…

SIEBEN

EX ... , EX ... , EX ...

Willi G. verbringt das letzte halbe Jahr seines Polizistenlebens als Funksprecher in der Einsatzleitzentrale.

Nach dem Zweiten Weltkrieg, den er als Flak-Soldat überlebt hatte, bewarb er sich bei der damaligen Stadtpolizei.

Dort war er bis zu seinem 55. Geburtstag als Streifenbeamter und später als Sachbearbeiter für Fahrrad-Diebstähle eingesetzt.

Ganz geheuer ist ihm die nagelneue Technik noch nicht, aber er muss sich nicht mehr mit der „Kundschaft" herumärgern, er sitzt im Warmen und in der Nachtschicht ist es dem Chef egal, wenn Willi seine braun-karierten Kamelhaar-Hausschuhe anstatt der schwarzen Dienstschuhe trägt und – noch 6 Monate -, dann geht er in den wohlverdienten Ruhestand.

An die Annahme der Notrufe und telefonischen Mitteilungen und die Weitergabe der Einsätze an die Funkstreifen hat er sich schnell gewöhnt und wenn es mal richtig hektisch wurde, dann griffen sofort der routinierte Einsatzleiter und der zweite, meist viel jüngere Funker ein.
Doch heute wird Willi nochmal richtig gefordert. Das rote Notruftelefon klingelt aufdringlich und die

optische Anzeige blinkt nervös. Willi nimmt den Hörer ab und meldet sich.

Oh, da ist höchste Eile geboten! Ein nicht alltäglicher Fall am hellen Vormittag! Willi drückt den Knopf für den Funk und ruft alle Einsatzkräfte im Stadtgebiet:

„Fahren Sie sofort in den Stadtpark, dort tritt gerade ein Ex…, ein Ex…, ein Ex…(**Willi wird immer nervöser, seine Stimme wird immer schriller!**) *ein Exbi…, ein Exbihi…, ein Ex…,*(**Willis schrille Stimme überschlägt sich!**)*…ach Scheiß, **ein Gliedvorzeiger auf!**"*

Willis Kopf ist feuerrot, kalter Schweiß steht ihm auf der Stirn, die Hände zittern, bis sich die Funkstreife Main 26/45 mit der erlösenden Mitteilung meldet:

„Wir haben den Ex, Ex, Ex, Ex… festgenommen und kommen mit ihm zur Dienststelle".

Willis legendärer Funkspruch ging in die Annalen der Einsatzzentrale ein und seit dem Tag wurden auftretende Exhibitionisten der Einfachheit halber schlicht als „Exi" bezeichnet…

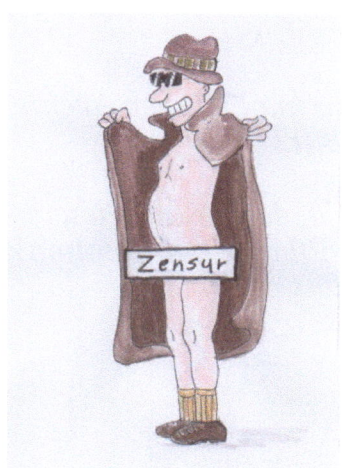

ACHT

TÜRKISCHE ENGELSTROMPETEN

Joffel ist mit den Eltern und der Oma zum Urlaub in die Türkei geflogen. Ein Fest für den 9-Jährigen-Sonne, Strand und Kinderdisco bis zum Abwinken!

Im großzügigen Park des Hotels steht ein riesiger, wunderschöner Busch – eine Engelstrompete, botanische Bezeichnung: Brugmansia. Fast fünf Meter ist das gewaltige Nachtschattengewächs hoch und hunderte schneeweiße, bis zu 45 cm lange Blütenkelche begeistern den Jungen.

Joffel ist sehr erstaunt, als ihm seine Oma erklärt, dass alle Teile dieser wunderschönen Pflanze sehr giftig sind!

> ➢ Joffel: *„Oma, wie giftig ist denn die Pflanze?"*

> ➢ Oma: *„Sehr giftig!!"*.

> ➢ Joffel: *„Kann man sterben, wenn man etwas von der Pflanze isst?"*.

> ➢ Oma: *„Oh, ja, das ist durchaus möglich, am besten fasst Du die Pflanze gar nicht an!"*.

- ➢ Joffel: „Und wie lange ist man dann etwa tot, wenn man sich damit vergiftet, Oma?"…

- ➢ Joffels Vater: „**Ein halbes Jahr**, dann stehst Du wieder auf, **Du Hohlbrot**!!". Wie kann man denn nur so dumm fragen!"…

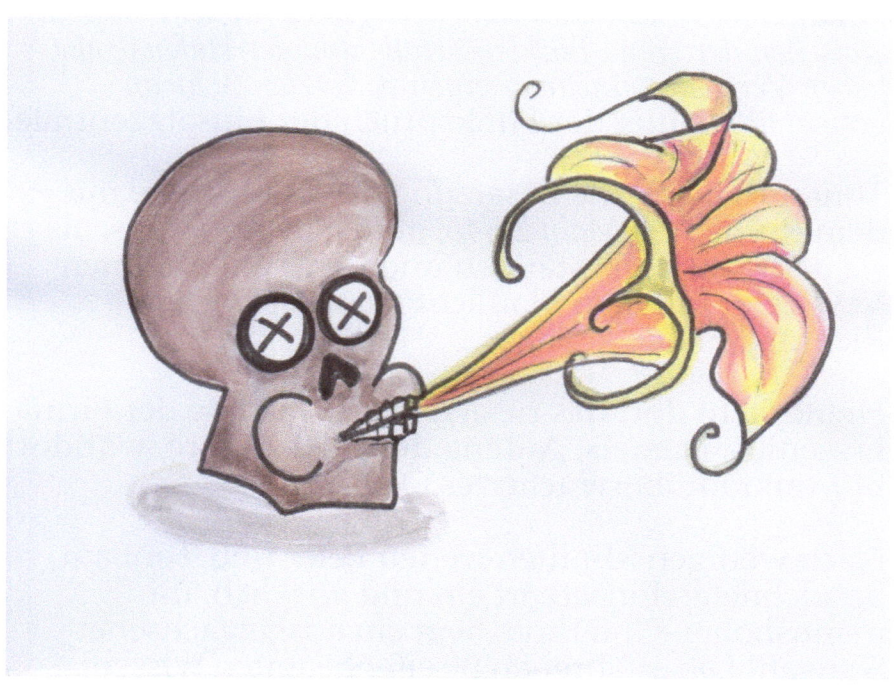

NEUN

TIERISCHER EINSATZ

„Main 26/45, fahren sie ins Hafengebiet! In dem Ödland zwischen der Hans-Böckler-Straße und der Hafenstraße haben Verkehrsteilnehmer einen verletzten Schwan gesichtet!", lautet der Funkspruch der Einsatzzentrale.

Toni und Peter, die Besatzung der Funkstreife mit dem Rufnamen *Main 26/45*, ahnen nichts Gutes, als sie den Auftrag bestätigen und den dunkelgrünen VW-Käfer mit dem Blaulicht auf dem Dach in Richtung Hafen lenken.

Heute steht dort das riesige Fabrikgelände der Firma Fresenius. Damals, Anfang der 1970er Jahre, war dort nur unkrautüberwuchertes Ödland.

Nach wenigen Minuten treffen Peter und Toni am bezeichneten Einsatzort ein und wirklich, im mannshohen Unterholz liegt ein ausgewachsener Schwan! Die erfahrenen Streifenbeamten wissen, dass mit so einem großen Vogel nicht zu spaßen ist. Schwäne können kräftig beißen, haben eine sehr große Kraft in ihrem muskulösen Hals und können mit einem gezielten Flügelschlag locker einen ausgewachsenen Mann umwerfen! Also - Vorsicht ist geboten! Von zwei Seiten nähern sich die beiden Polizisten dem Schwan, der sich sofort aufrichtet und unheilverkündend zu Zischen beginnt. Er plustert sich auf und spreizt angriffslustig die Flügel. Da können die Beamten eine große, blutende Wunde am rechten Flügelansatz feststellen.

Von Peter kommt der Vorschlag, den Schwan mit einem gezielten Schuss aus der Dienstpistole von seinen Leiden zu erlösen, doch damit ist Toni gar nicht einverstanden!

Er besteht darauf, das riesige Federvieh einzufangen und in das Tierheim zu bringen!

Nach einer kurzen Besprechung der Einsatztaktik lenkt Peter den Vogel ab, indem er sich vor ihm aufbaut und mit den ausgestreckten Armen wild herum wedelt. Toni pirscht sich von hinten an den Schwanenhahn heran, packt ihn mit der rechten Hand am Hals, kurz unterhalb des Kopfes und klemmt mit dem linken Arm die Flügel des heftig zischenden und mit dem Schnabel klappernden Tieres ein. Dieser versucht mit aller Gewalt dem Griff des Beamten zu entkommen. Toni legt nun blitzschnell eine Hälfte seiner Handschellen um den wild schwankenden Schwanenhals und kann den Vogel dadurch besser kontrollieren.

Mit dem sich heftig sträubenden Schwan steigt Toni auf die Rücksitzbank des Dienst-VWs, klammert mit den Handschellen den Hals des Vogels fest und legt sich mit dem Oberköper über das Tier, um die starken Flügel zu fixieren. Peter startet den Motor und dann geht es mit Blaulicht und Musik Richtung Tierheim…

Kurz vor Schwebheim kommt von der Einsatzzentrale der Funkspruch, dass der Schwan im Tierheim nicht aufgenommen werden kann, da es sich bei dem Vogel um *ein jagdbares Wildtier* handelt!

War der Vorschlag Peters mit dem erlösenden Schuss doch nicht so abwegig, die Entsorgung hätten in der Nacht die Füchse erledigt…, aber, jetzt ist der Vogel im Auto und muss irgendwo abgeliefert werden!

Von der Funkzentrale wurde zwischenzeitlich geklärt, dass der Schwan in die Unterkunft der Stadtgärtnerei in den Wehranlagen gebracht werden kann. Dort befand sich auch das Winterquartier der städtischen Enten und Schwäne. Also, kehrt und zurück Richtung Stadtgebiet. Der unfreiwillige, gefesselte und gefiederte Passagier auf der Rückbank des Polizei-Käfers war mit dem Ausflug überhaupt nicht einverstanden. Mit all seinen Kräften versuchte er sich aus dem Würgegriffs Tonis zu befreien! Durch seinen heftigen Widerstand lösten sich aus seinem blütenweißen Gefieder hunderte kleiner Flaumdaunen, die im Fahrzeuginneren wie die Schneeflocken herumschwirrten und sich überall niederließen. Auch in den Nasenlöchern und den Augen der beiden wackeren Ordnungshüter. Deren moosgrüne Uniformjacken und ihre Haare wurden zwischenzeitlich ebenfalls von dem Schwanenflaum bedeckt.

Endlich erreicht der sonderbare Transport die Liegenschaft der Stadtgärtner. Breites Grinsen der dortigen Beschäftigten begrüßt die beiden Protagonisten und ihren außergewöhnlichen Fahrgast und der Vorarbeiter erkennt in dem Schwan sofort, dass es sich bei ihm um „*Hermann*" handelt. *Hermann*, ein uralter Schwanenhahn, der den Stadtgärtnern schon seit langem immer wieder Arbeit und Ärger bereitet…

Toni wird nun von kräftigen Gärtnerarmen von seinem Passagier erlöst und steigt ebenfalls aus dem Dienstfahrzeug aus. Über und über mit Schwanendaunen bedeckt stehen die beiden Gendarmen wie die Schneemänner neben ihrem Käfer und müssen so manche spöttische Bemerkung der amüsierten Gärtner über sich ergehen lassen…

Auf die Frage, was denn nun mit „Hermann" passieren würde, bekommen die Ordnungshüter vom Vorarbeiter die lapidare Antwort: „*No, der wird gschlacht und an die Luchse und Eulen im Wildpark verfüttert – den zähen, alten Vogel mögen net ämal mehr die Stadträt…!"*-

Na, das hat sich gelohnt! Zwei völlig verschmutzte Uniformen, unzählige, spöttische Bemerkungen der Kollegen und das Geschimpfe der Wagenpfleger, die zwei Tage brauchten, um den Dienst-Käfer von den Schwanendaunen zu befreien…

Die Krönung hörte Peter aber erst am Freitagabend beim Stammtisch in der „Schranne", als sein Stammtischbruder Horst folgende Geschichte zum Besten gab:

„Am Donnerstagnachmittag hab ich an der Ampel vor der Ludwigsbrücke einen dunkelgrünen VW-Streifenwagen der Polizei gesehen, da schwirrte lauter so weißes Zeug im Auto herum! Wie so eine große, grüne Schneekugel hat das ausgesehen – und - das Schärfste: Der Fahrer hat ausgeschaut wie ein Schneemann mit dem Gesicht vom Peter!"…

ZEHN

TRUNKEN GESCHWATZT – NÜCHTERN VERGESSEN

oder:

„Jetzt spring, Du Feigling!"

Es war einmal im Jahre 1984...

Eine Traumwoche Skiurlaub geht mal wieder zu Ende. Die letzte Abfahrt auf den Pisten von St. Johann in Tirol endet mit dem obligatorischen Einkehrschwung in die Schirm-Bar der Talstation mit einem Jaga-Tee und einem Bombardino. Aus dem Lautsprecher plärrt passenderweise *„The Final Countdown"* von *Europe*...

Eine Woche Skifahren bei schönstem Wetter und besten Pistenverhältnissen – das haben sie sich verdient! Gut gelaunt und etwas wehmütig rutschen sie über die verschneiten Schleichwege durchs Dorf bis fast vor den Eingang ihres Ferienhauses. Raus aus den Skiklamotten und rein in die Dusche.

Das letzte Abendessen im Gasthaus *„Edelweiß"* wird genossen und dann ab zur drallen Moni in die Kellerbar der *Wurzenstubn*. Die Wirtin mit der hocherotischen Stimme einer Kartoffelreibe und dem unverwechselbaren Tiroler Zungenschlag erwartet sie schon mit „*einem Augenaufschlag wie-Greta-Garbo-auf-dem-Sterbebett*", hinter ihrer Theke.

Die drei Unzertrennlichen geben sich hemmungslos dem Apres-Ski hin, flirten „*auf Teufel komm raus*" mit der, mit jedem Rüscherl schöner werdenden Moni und suchen alkoholgeschwängert in tiefgründigen Gesprächen nach dem Sinn des Lebens…

Skifahren bis zum Abwinken, River-Rafting im Engadin und auf der Tiroler Ache, Wasserball beim örtlichen Schwimmverein und sonstige Verrücktheiten hatten sie schon hinter sich.

Den glasigen Blick in den großzügigen Ausschnitt von Monis Dirndl gerichtet erklärt Hajo zu später Stunde mit schwerer Zunge, dass sein Kindheitstraum schon immer ein Fallschirmsprung gewesen ist! Durch fortgeschrittenen Alkoholgenuss schwerer Zunge gerät er ins Schwärmen und erzählt von den Tagen der offenen Tür der US-Army auf dem Übungsgelände hinter der Ledward-Kaserne, die er mit seinem Opa immer besucht hatte. Dort bewunderte er die mutigen Männer und Frauen, die, mit qualmenden Rauchpatronen an ihren Stiefeln, aus den Hubschraubern der Amis sprangen und dann an ihren knallbunten Schirmen zur Erde schwebten…

Am nächsten Morgen geht es nach einem deftigen Katerfrühstück zurück nach Hause.

Der Alltag hat *die drei Unzertrennlichen* wieder im Griff und keiner denkt mehr an die tiefgründigen Gespräche in der *Wurzenstubn*…

…Wirklich Keiner???

Falsch gedacht!

An einem schönen Sommerabend erscheint Günter an der Biegung der Theke im *Distelpils am Fischerrain*, der Stammkneipe *der Unzertrennlichen* und erklärt seinen beiden Freunden, dass er gerade im Reisebüro für den September einen Urlaub in Holland gebucht habe! Hajo und Rü schauen sich stirnrunzelnd an und fragen wie aus einem Mund: „Was zum Teufel wollen wir denn in Holland?".

Günter grinst über das ganze Gesicht und meint trocken: „Na Fallschirmspringen!!!".

Das Bargemurmel an der Theke verstummt schlagartig und alle Gästeaugen in der Nähe der Thekenbiegung sind auf *die drei Unzertrennlichen* gerichtet!
Als Erste bricht Berta, die ‚Wirtin mit der großen Klappe, das Schweigen: „Da kenn ich einen guten Fallschirmwitz!", eröffnet sie die einsetzende Thekendiskussion, die sofort von allen Seiten „gute Witze", „gute Ratschläge" und „da-kenn-ich-einen-dessen-Cousin-seiner-Tante-hat das-auch-gemacht-Geschichten" auf *die drei sprachlosen Unzertrennlichen* einprasseln lässt

Nachdem sich die allgemeine Diskussion beruhigt hat, erklärt Günter seinen Freunden, dass er im Reisebüro tatsächlich einen Aktiv-Urlaub auf der Insel Texel für alle Drei gebucht habe. Der einwöchige Kurs auf dem Flugplatz der holländischen Insel beinhalte insgesamt 8 Solo-Absprünge mit Rundkappen-Fallschirmen aus 600 Meter Höhe und den Erwerb der niederländischen Fallschirm-Lizenz A!

Die Würfel waren gefallen, jetzt galt es, Kante zu zeigen!

Nach gründlichem Studium der Buchung, entschlossen sich die Drei, das Abenteuer anzugehen! Fachliteratur wurde gewälzt, man fuhr gemeinsam nach Würzburg zur *Fliegerärztlichen Untersuchungsstelle* um das erforderliche *„Fliegerärztliche Tauglichkeitszeugnis"* zu erwerben und fieberte dem September entgegen…

Im Distel-Pils waren die Unzertrennlichen natürlich bis zur Abreise immer für ein paar *fachkundige, fallschirmtechnische Bemerkungen* gut, sobald sie die Stammkneipe betraten…

Berta, die treusorgende Wirtin, packte den Unzertrennlichen vor der Abreise ein sogenanntes „Überlebens-Paket". Es enthielt eine Packung Baldrian-Tee, 3 Fläschchen „Kleiner Feigling"-Schnaps, einer Schachtel Beruhigungszigaretten, 2 Gläsern Hausmacherwurst, eine Packung Heftpflaster, Trostschokolade und andere, nützliche *Nervenberuhiger*. Sie übergab ihren „Lieblingsstammgästen" das Paket feierlich und mit viel Pomp und Trara am Abend vor deren Abreise.

…und dann gings los…

Das erste Abenteuer war der Einzug in die, laut Reiseprospekt *„einfache, Herberge mit legerer Atmosphäre und einfacher Ausstattung"* - dem **„Haus Kievit"** -

Eine Mischung aus heruntergekommener Jugendherberge und Obdachlosenasyl trifft die Beschreibung wohl am besten! Die 3 Unzertrennlichen bezogen ihr „Zimmer" im ersten Stock: Zwei ehemals hellblaue Armee-Stockbetten, ein blecherner Doppel-Spind ohne Inneneinrichtung, ein winziges „Nachtschränkchen" und ein Waschbecken waren „die Einrichtung"! Alles mit einer unübersehbaren Staubschicht überzogen….

Den Teppichboden zu betreten, kostete schon mit Schuhen eine gewisse Überwindung, an Barfußgehen war jedoch nicht mal zu denken…

Ein Wort über die sanitären Anlagen zu verlieren wäre illusorisch, die dortige Sauberkeit in der einzigen „Etagendusche" übertraf den desolaten Zustand es Zimmers bei weitem…

Nach neun Stunden Autofahrt erwarteten die Fallschirm-Eleven nachmittags am Flugplatz bereits die ersten Stunden Theorie in Fallschirmspringen. Anschließend machten sie in ihrer „Unterkunft" gezwungenermaßen Bekanntschaft mit der Haus-Rock-Band des Hauses Kievit. Diese Kapelle, die direkt unter dem Schlafraum der Drei aufspielte, sorgte bis Sonntagmorgen, 03.30 Uhr für fetzige Rhythmen. Als „tolerante Aktiv-Urlauber" hätten sie dies eigentlich gar nicht krummgenommen, aber die Phonzahlen in den Betten waren so beträchtlich, dass an Schlaf gar nicht zu denken war. Eine versuchte Beschwerde beim Wirt ergab lediglich ein

Hohngelächter der anwesenden eingeborenen Insulaner…

Am nächsten Morgen begann Teil Zwei des Abenteuers: Es ging ziemlich unausgeschlafen zum Flughafen. Bereits in aller Herrgottsfrühe lag ein süßlich-würziger Geruch über dem Gelände und das Personal hatte ein lethargisches Grinsen im Gesicht… die waren fast alle schon bekifft – Joint am Morgen vertreibt Kummer und Sorgen…

Der „Instruktor", wie sich herausstelle, ein junger Deutscher mit „doch schon zwölf Monaten Fallschirmerfahrung" vermittelte seinen Schülern recht lustlos die Grundbegriffe des Springens, ließ sie von Tischchen springen und abrollen, pferchte sie in Flugzeugkabinen-Nachbauten aus Sperrholz und hängte sie in einem Sprunggeschirr unter die Hangardecke, wo sie Notfallübungen eingetrichtert bekamen.

Nach eineinhalb Tagen Einweisung erfuhren die Drei, dass sie nun „reif für den ersten Sprung" seien. Aufgrund des schlechten Wetters war der Sprungbetrieb allerdings vorläufig eingestellt und unsere Protagonisten hingen gelangweilt auf dem Flugplatz herum. Sie kamen schließlich mit einem braungebrannten, rüstigen Mittsechziger aus Hannover ins Gespräch. Der Senior erzählte, dass er bereits im Zweiten Weltkrieg als junger Fallschirmjäger eingesetzt war und nicht mehr von der faszinierenden Leidenschaft des Springens losgekommen sei. Er betreue ehrenamtlich junge Springer und es wäre ihm eine Freude, den drei Freunden mit Tipps und Erfahrungen die Wartezeit zu verkürzen. Was für ein Glück! Mit Engelsgeduld erklärte er die Grundzüge des Fallschirmspringens, ließ die Drei Dutzende mal Fallschirme packen und erzählte spannende Geschichten aus seinem bewegten Leben. Der alte Herr, der selbst jeden Tag zwei- bis dreimal aus 4000 Metern Höhe im Freifall sprang, motivierte die Truppe und sorgte bei ihnen für eine gewisse Sicherheit.

Dann kam der Tag der Wahrheit…Am 18.09.1984 herrschte auf Texel strahlender Sonnenschein und fast völlige Windstille. Dieses Traumwetter verwandelte den Flugplatz in einen wimmelnden Ameisenhaufen. Im Viertelstundentakt stiegen die Flugzeuge auf und ständig schwebten die bunten Schirme vom Himmel.

Die Gruppe unserer Mutigen war schließlich an der Reihe. Die Overalls und Springerstiefel wurden angezogen, die Helme aufgesetzt und die Schirme angelegt. Dann ging es im Gänsemarsch zur wartenden Pilatus Porter. Wie am Holzmodell geübt, stiegen die sechs Sprungeleven in die Kabine und setzten sich auf die angewiesenen Plätze am Boden der Maschine. Der holländische Absetzer überprüfte das ordnungsgemäße Einhaken der Static-Lines und die Verschlüsse des Gurtzeugs und des Reserveschirms. Er vergewisserte sich nochmal, ob die Reihenfolge des Aussteigens klar war und dann nahm er mit Blickrichtung Springer neben dem Piloten Platz. Er gab dem Flugzeugführer durch den, nach oben gereckten Daumen das Zeichen, dass man startbereit sei. Mit Getöse sprang der 6-Zylinder-Boxermotor an.

Vom Tower kam über Funk die Startfreigabe und schon rollte das Flugzeug mit der langen Schnauze zur Startbahn. Die 340 PS brachten das fliegende Arbeitspferd in wenigen Minuten auf die 600 Meter Absprunghöhe. Nach zwei Platzrunden öffnete der grinsende Absetzer die Kabinentür. Ohrendbetäubender Motorenlärm, Kerosingeruch und kräftiger Fahrtwind füllten die Kabine und die ohnehin schon angespannten Gesichter der Springer wurden noch bleicher als zuvor. Der Pilot flog eine Rechtskurve und so konnte auch der letzte Springer in der hintersten Ecke zum ersten Mal durch die offene Kabinentür in die Tiefe schauen!

Der dauergrinsende, THC-schwangere Absetzer schaute in die Runde und fragte:" ARE YOU READY"? Nach einem verhaltenen „YES" aus sechs zugeschnürten Kehlen deute er mit dem Finger auf den ersten Springer und dieser setzte sich, wie am Boden geübt, in die offene Tür. Der Absetzer checkte die korrekte Absprunghaltung des Springers und schrie „GO"!

Der erste Sprungschüler ließ sich fallen und die erste Reißleine hing an dem Flugzeug. Die anderen Springer rückten nach und einer nach dem anderen ließ sich in das Abenteuer fallen.

Die drei Unzertrennlichen sprangen natürlich in Reihe ab und winkten sich in der Luft zu, als sie die erste, unbeschreibliche Minute am sanft fallenden Schirm hinter sich hatten und der Mega-Adrenalinschock langsam nachließ und wieder klare Wahrnehmung erlaubte.

Als sie nach dem ersten, geglückten Sprung am Boden gelandet waren und ihre Schirme im Fieldpack zusammengerafft hatten, fielen sie sich in die Arme, johlten und lachten und gebärdeten sich wie kleine Kinder – auch dieses Verhalten hatte ihnen der Hannoveraner Sprungsenior prophezeit!

Die Euphorie des ersten Alleinsprungs vertrieb alle negativen Gedanken der letzten Tage und die restliche Woche verging im wahrsten Sinne des Wortes „wie im Fluge". Die Drei absolvierten zwischen zwei und sechs Sprüngen, erkundeten die Insel Texel und kehrten schließlich um eine unwiederbringliche Erfahrung reicher in ihre Stammkneipe zurück, wo sie wie echte Helden gefeiert wurden…

E L F

-wirklich passiert-

An die
XYZ Versicherungen
50729 Köln

Haftpflichtschaden
Versicherungsschein-Nr. G820698

Sehr geehrte Damen und Herren,

es ist mir überaus peinlich, Ihnen einen Sachschaden, verursacht durch meinen Jack-Russel-Terrier „Sam", zu melden, zumal mir die schriftliche Schilderung des -doch nicht alltäglichen- Ereignisses nicht gerade leichtfällt:

Am 11.10.2011 befand ich mich zu Besuch bei meinen Bekannten Ulrike und Gotthard R.

In einem günstigen Augenblick erkundete „Sam" die Wohnung der Familie R. und „markierte" völlig unvorhersehbar und nicht nachvollziehbar den Satelliten-Receiver auf dem Fernseh-Tischchen!

Durch den durch die Lüftungsschlitze eingedrungenen Hunde-Urin kam es zu einem Kurzschluss in dem Gerät, der einen Kabelbrand verursachte, der dieses irreparabel zerstörte. Es entstand ein Sachschaden in Höhe von 169,58 €. Ich bitte Sie nun um die Regulierung des Schadens.

Die Originalrechnung mit der Bankverbindung der Familie R. liegt bei. Ebenso ein Foto des „Tatorts". Der zerstörte Receiver befindet sich noch im Besitz der Familie R. und kann jederzeit begutachtet werden.

Mit freundlichen Grüßen

Anmerkung des Autors:

Die Versicherung beglich anstandslos den geschätzten Zeitwert des Geräts!

ZWÖLF

DAS GEHEIMNIS VON FRANZ UND HANS

Franz und Hans fuhren Streife. Hans, der Dienstanfänger, frisch von der Polizeischule und Franz, sein „Bärentreiber", so wurden intern die erfahrenen Einweisungsbeamten der „Jungfüchse" genannt.

Hans saß am Steuer des Streifenwagens, einem dunkelgrünen VW-Käfer mit Blaulicht, Sirene und weißer POLIZEI-Beschriftung. Gemächlich steuerte er das Fahrzeug durch den Samstagnachmittagsverkehr, als Franz plötzlich Blaulicht und Sirene einschaltete und schrie: *„Wende sofort und fahr dem cremefarbenen Mercedes nach, der uns gerade entgegenkam!"*.

Erschrocken riss Hans das Steuer des Käfers herum und fragte den Franz, was den passiert sei.

„In dem Mercedes sitzt der Adi Kuffer, der Einbrecherkönig von Schweinfurt, auf dem Fahrersitz, der hat noch nie einen Führerschein gehabt, der hat bestimmt das Auto geklaut, wie will so einer zu so einem Luxuswagen kommen?!".

Hans gab Vollgas und beschleunigte den dunkelgrünen 34-PS-Boliden auf das Maximum. *„Oh*

Mann" dachte er sich, *„den müssen wir kriegen, da* geht *uns heute ja ein dicker Fisch ins Netz"*. Mit allem, was der Käfer hergab, folgte er dem dicken Mercedes mit der edlen Lackierung und konnte ihn schließlich auf der Umgehungsstraße überholen. Franz hielt die rote Anhaltekelle aus dem Beifahrerfenster und der Mercedes hielt rechts an.

Der Streifenwagen war noch am Ausrollen, als Franz schon aus dem Wagen sprang, zum Mercedes rannte, die linke Tür aufriss und brüllte: *„Raus Kuffer, wo hast Du das Auto her, Du hast doch gar keinen Führerschein!"*.

Der Angebrüllte grinste den Franz an und sagte nonchalant: *„Grüß Gott, Herr Wachtmeister, was ist das Problem?"*

Franz wollte den Verdächtigen gerade aus dem Wagen ziehen, als vom rechten Vordersitz eine sehr weibliche Stimme mit einem Hauch von angelsächsischem Akzent, ertönte, die fragte: *„Hallo Officer, was habe ich denn falsch gemacht?"*.

Das, vor Aufregung rot gefärbte Gesicht von Franz, änderte seinen Teint in leichenblass, als dieser ins Fahrzeuginnere blickte und dort eine wasserstoffblonde, dauergewellte, äußerst attraktive Mittfünfzigerin erblickte, die ein edles Teakholz-Lenkrad in ihren Händen hielt.

Nun meldete sich Adi Kuffer wieder zu Wort: *„Darf ich vorstellen, Herr Wachtmeister, das ist meine Lebensgefährtin Marianne, die hat lange Zeit in England gelebt. Jetzt wohnt sie wieder in Schweinfurt und ihren geliebten Daimler hat sie auch mitgebracht! Können wir*

jetzt weiterfahren, wir wollen nämlich zum Tanz-Tee nach
Würzburg fahren?"

Wieder im Streifenwagen, herrschte erstmal einige
Minuten eisiges Schweigen und nach einiger Zeit
kam von Franz der Satz: *„Ich glaube, es ist das Beste,
wenn dieser **Einsatz** unter uns bleibt!"*

DREIZEHN

SCHWARZER SCHWEINFURTER HUMOR

Zwä Stunden hockt der einbeinige Bettler scho in der Keßlergass. Da kummt so ä laggierter Schnalzer daher, schmeißt nä än 50-Mark-Schein nei'n Hut und secht: *„Da, käff derr ä paar neue Schüh!".*

„Du blöder Hund, du sichst doch, wie ich da hock! Was soll ich denn mit äm Paar neue Schüh?" brüllt der Bettler dem Angeber lautstark hinterher. *„Du willst mich doch bloss verarsch, hast denn du nix Bessers zu tun, als Leut zu ärchern!".* Er kann sich gar net beruich und bröbeld als weiter, vor lauter Wut.

Da kummt ä Schutzmann vorbei und fragt ihn, warum er denn so gottserbärmlich schennd.

„No Wachtmäster, da schmeißt mer so ä Schnalzer fuchzich Mark nei mein Hut und secht, ich soll mer a Paar neue Schüh käff! Is des nedd a Frechheit? Der hat doch gesenn, wie ich da hock, mit meim een Bee!" erzählt der Bettler entrüstet dem Polizisten.

Der Ordnungshüter grinst und secht zum Bettler: *„Warum hast* nä *denn net nein Arsch getreten, dem Depp?"*

Jetzt geht's richtig rund in der Keßlergass…

Der Bettler is stinksauer, krabbelt hoch und geht hemm, für heut hat er die Nasn gstrichen voll.

Derhemm erzählt er die ganze üble Gschicht seiner Fra. Die hört aufmerksam zu, holt a Flaschn Schnaps ausm Schrank und schenkt ihrm Moo een ei. Mit Genuss kippt er den Klaren nunter und lächelt sei Fraa dankbar an, da secht sie zu ihm: *"Geh Alter, trink noch een, auf eem Bee steht mer nedd!"*…

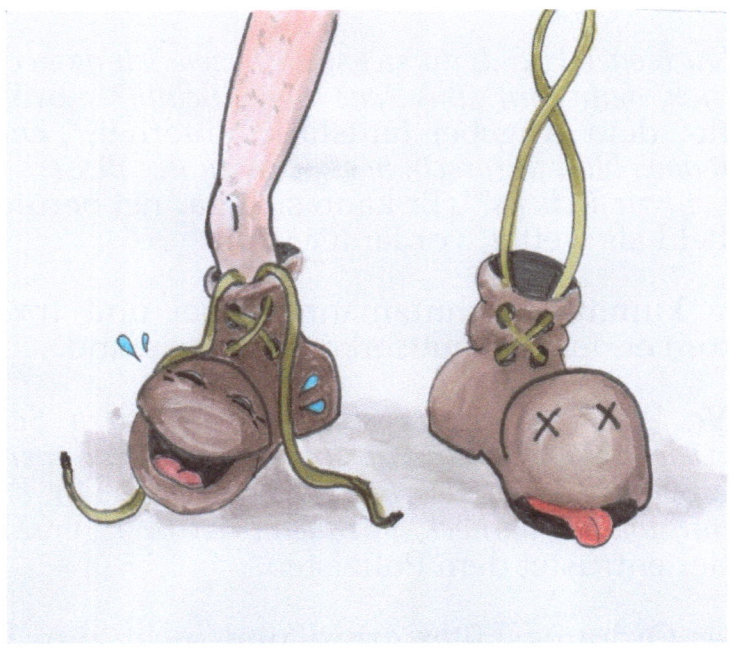

VIERZEHN

WALBERLA-AUSFLUG

Das Walberla ist ein 532 Meter hoher, doppelkuppiger Tafelberg über der Ortschaft Kirchehrenbach in der Fränkischen Schweiz. Seine amtliche Bezeichnung ist die „Ehrenbürg". Die zweite Kuppe ist der „Rodenstein". Auf der Ehrenbürg-Kuppe steht seit dem 17. Jahrhundert die Walburgis-Kapelle. Hier findet jedes Jahr am ersten Wochenende im Mai das Patronatsfest zu Ehren der Heiligen Walburga statt.

Fast 70 Brauereien aus dem gesamten Umland der Fränkischen Schweiz schenken an diesem Wochenende ihr Bier auf der Hochebene aus und Stände mit allen denkbaren fränkischen Spezialitäten machen das Walberla zu einem begehrten Ausflugsziel.

In den umliegenden Dörfern werden dann große Besucher-Parkplätze angelegt, denn man muss zu Fuß die Gipfel erklimmen. Der leichte Fußmarsch durch das größte Süßkirschen-Anbaugebiet Deutschlands zur Zeit der Kirschblüte ist aber eher ein Genuss als eine Anstrengung.

Die Voll's und die Altstätter's waren schon lange befreundet. Beide hatten Mädchen im Alter von 5 – 13 Jahren. Die Altstätter's zwei. Die Voll's vier. Dieses Jahr hat es endlich mal geklappt. Ein gemeinsamer Ausflug zum Walberla-Fest war vereinbart worden. Die Altstätter's aus dem Kreis Erlangen und die Voll's aus Schweinfurt trafen sich am Sonntagfrüh in Kirchehrenbach und machten sich auf den Weg zum Gipfel. Bei wunderbarem Wetter ging es zügig bergauf durch die Kirschplantagen. Frau Altstätter schwitzte sehr unter ihrem riesigen Expeditions-Rucksack. Sie hatte, wie immer, den halben Hausrat, ordentlich verpackt und beschriftet, in einer Unzahl Tupperdosen, dabei. Feuchttücher, Geschirrtücher, Taschentücher, zwei Paar Reservesocken für jedes Kind, zwei Garnituren Reserveunterwäsche für die Mädchen, Regenjacken und warme Pullover für den Fall der Fälle und noch viel mehr, waren in einem ausgeklügelten, nur ihr geläufigen System im Rucksack verstaut. Diese Katastrophenschutz-Ausrüstung hatte sie auch dabei, wenn man einen Besuch im Nürnberger Tiergarten oder im Freizeitland Geiselwind machte, böse Zungen behaupten, dass der Rucksack sogar beim Kinderarzt und beim Besuch von McDonald's dabei ist…

Die Kinder genossen den Aufstieg und die Eltern unterhielten sich angeregt und nach einer guten Stunde war der Festplatz erreicht.

Ein Tisch war schnell gefunden und ruck-zuck mit Schäufele, Bratwürst, Schaschlik und anderen Leckereien überladen. Bei Fassbier und Spezi wurde ordentlich Brotzeit gemacht. Drei Musik-Kapellen sorgten auf dem Plateau für Stimmung.

Nach dem Essen unternahmen die Väter mit den Kindern einen Spaziergang über den ausgedehnten Festplatz. An der felsigen Abrisskante des Berges belehrten sie die Mädchen über die Gefahren, die dort lauern und schärften ihnen ein, dort keinesfalls zu spielen. Dann durften die sechs Gören ihrer Wege gehen. ...hatten die Volls und Vater Altstätter gedacht!

Mutter Altstätter begann bei der Rückkehr der Männer an den Tisch sofort mit einem Trommelfeuer von Fragen: *„Ja wu senn denn die Kinner, ja habt ihr die Kinnerli allaa gelassen, habt ihr goor die Kinner verloren ihr Deppen, euch kann mer ja kaa 10 Minuten allaa lass?"*!

Mutter Voll war erst mal total sprachlos nach dieser verbalen Salve. Vater Voll grinste und Vater Altstätter versuchte zaghaft seine hektische Gattin zu beruhigen: *„Lass doch die Mädli renn, dahohm kann dene doch nix passier, da fährt kaa Auto und es sinn nur Wiesn und Wald, was Schöners kanns doch gar net geb und außerdem sind die zu sechst, die wissen sich schon zu helfen!"*.

„Ja bist denn Du total narrisch? Die kenne sich doch gor nedd aus, die könna sich doch verlaaf, oder hiefall, oder gar entführt wern", unkte Mama Altstätter und hatte hektische, rote Flecken im Gesicht. *„Hol sofort die Kinner du Hornochs, die hamm da bei uns am Tisch zu sitzen, damit nix passiert"* keifte Frau Altstätter ihren verdatterten Ehemann an.

Jetzt hat auch Mutter Voll ihre Fassung wieder gefunden: *„Mensch Heike, was mechster denn für Hektik, unner Mädli sinn total selbständig und wissen sich zu helfen. Da brauchst kee Angst zu haben, dass was passiert. Die wissen, dass sie nedd zu die Felsen dürfen* und sie sinn ja auch nüber zu der großen Wiese und zum Waldrand, lass dene doch ihrn Spaß, die solln sich nur richtig austob, die wissen doch, dass mir da am großen, roten Löwenbräu-Laster hocken. Wenn die Hunger und Durst haben, kommen die von ganz allee wieder", redet Mutter Voll beruhigend auf Mutter Altstätter ein.

"Du bist ja noch schlimmer wie mein Moo! Bist denn du a soo verantwortungslos?", bekommt Mutter Voll daraufhin zu hören. Die Nachbartische übrigens auch, dort verstummen schon die Gespräche und mancher Festbesucher denkt, dass dieser Auftritt zum Unterhaltungsprogramm des lokalen Bauerntheaters gehört.

"Und du, du grinst immer bloß blöd", giftet sie nun den Vater Voll an. "Sag doch amol, dass des nedd so geht, mit die Kinner!". "Du sixt doch, dass des geht", entgegnet Vater Voll stoisch "und jetzt schalt ä mal änn Gang runner, die Leut glotzen ja scho, schämst denn Du dich net, Du hysterische Eul! Was soll denn da denner Kinner passier?"

"Mir langt jetzt euer blöds Gebabbel, ich hol jetzt die Kinner zurück, auf euch kann mer sich ja überhaupt net verlass, ihr verantwortungsloses Gesindel" keift sie, dass der Schaum in den Mundwinkeln steht und schon ist sie mit fliegenden Haaren unterwegs.

Nach zehn Minuten kommt sie zurück, das Gesicht noch röter als zuvor, völlig außer Atem und vor Wut schnaubend, wie ein angeschossener Stier. "Also sowas hab ich noch nedd erlebt, eure Kinner sinn die ungezogensten Fratzen, die je erlebt hab. Unverschämt und frech und ohne jeden Respekt sinn die! Die sinn *einfach davo gerennt, wie ich zu dene hingerennt bin. Und gelacht hamm se dabei und meine hamm se dazu verführt, dass die mitgerennt sinn"* keucht sie mit letzter Kraft aber laut genug, dass der halbe Festplatz einen weiteren Akt des Schauspiels beklatscht.

Jetzt haut's aber der Voll's Mutter den Vogel naus: *„Du hysterische Kuh, was fällt dir denn ei? Meine Kinner hier vor aller Leut als ungezogene Fratzen zu bezeichnen! Des kannst du vergess! Und deine Mädli verführ tun se a nedd! Die genießen halt bloß ämal ihre Freiheit und du mechst aus enner Muggn än Elefant und steicherst dich in ä völlig unsinnische Hysterie nei. Beruich dich jetzt ämal und lass denner Kinner ihr Frääd"!*

Grad wie Mutter Altstätter wieder zu einer Tirade ansetzen will, greift Vater Altstätter in seine hintere Hosentasche, holt seinen Geldbeutel heraus, entnimmt ihm einen 100-Mark-Schein und knallt ihn mit den Worten: *„So, den nimmst du jetzt und schaust, wie du heimkommst!"* vor seiner Gattin auf den Tisch. Sie verdreht die Augen, Schweiß tritt auf ihre Stirn und sie pumpt nach Luft wie ein Maikäfer, kurz vor dem Abheben, als er noch hinzufügt: *„Und die Kinner bleim da! Die nehm ich mit haam!"*.

Als die umliegenden Tische diesen Akt mit Beifall bedenken, setzt sich die Altstätterin ihren Expeditions-Rucksack auf, dreht sich um und rauscht davon.

Der restliche Tag auf dem Walberla verläuft sehr harmonisch und die Altstätter Kinder fragen erst recht spät nach ihrer Mutter…

Immer wenn wir auf der A 73 Richtung Nürnberg unterwegs sind und unsere Tochter Lisa dabei ist kommt an der gleichen Ausfahrt die Bemerkung:
„Oh, da drüben wohnt doch die Weltmeisterin im Überreagieren, oder?"…

FÜNFZEHN

BRUCHLANDUNG

Die Rass vom Hochfeld hat mal wieder Langeweile.

Im Waldspielplatz ist heute nicht viel los und der Lieblingsspielplatz, das alte, verlassene Haus am Waldrand wurde vor einer Woche abgerissen. Fürs Sommerbad ist es zu kalt. Langeweile in den Sommerferien ist nicht gut. So sitzt die ganze Clique im Hof der Kerschensteiner Schule und überlegt, wie man Abwechslung in diesen trüben Tag bringen könnte.

Da fliegt ein Düsenflugzeug mit dicken Kondensstreifen in himmlischer Höhe über den Pausenhof. Rolf kommt sofort eine Idee: „Wir bauen ein Flugzeug"! „Ach, schon wieder Papierflieger, das ist doch langweilig!" entgegnet ihm Monika, seine Schwester. „Nein, keine Papierflieger, ein richtiges Flugzeug, und einer von uns soll damit richtig fliegen!" kommt es von Rolf. „Du spinnst doch, wie sollen wir denn ein richtiges Flugzeug bauen?" fragt Peter. „Und wer soll denn der Pilot sein?", fragt Claudia. „Na das ist schon klar, dass wird das Martinle, der ist der Kleinste und Leichteste von uns!", mischt sich Klaus in die Diskussion ein.

„Okay, dann lasst uns in den Hof vom KUPSCH gehen, da liegen Obstkistchen und Kartons in Massen rum, das können wir gut für unseren Flieger brauchen", gibt Rolf an.   „Monika, du besorgst unseren Kellerschlüssel, dort können wir Schnur, Isolierband und Nägel holen, bring auch den kleinen Hammer aus der Werkzeugkiste mit!", weist Rolf seine Schwester an.

Die Rass schleicht also in den Hof hinter dem KUPSCH und versorgt sich mit Obstkistchen und Bananenkartons. Mit ihren Materialien begeben sich die Hochfelder unter die Harald-Hamberg-Brücke, die über die Deutschhöfer Straße führt. Dort werden die hölzernen Obstkistchen zerlegt und die Brettchen mit Wurstbendeln, Nägeln und Isolierband zu einem Gerüst verbunden. Aus den breiten Seitenteilen der stabilen Bananenkartons werden die Tragflächen ausgeschnitten und an das Obstkistchen-Brettchen-Gerüst genagelt.

Dann kommt Martinle's große Stunde. Mit Stücken von Frau Müllers Wäscheleine werden die „Tragflächen" an seine dürren Arme gebunden. Auf den Kopf bekommt er den feuerroten Bobby-Car-Helm von Peter und jede Menge gute Ratschläge von der restlichen Rass. Sie begleiten den Flugpionier auf die Brücke und hieven ihn über das Geländer. Nur runter auf den Gehweg unter der Brücke soll er fliegen, keinesfalls auf die Fahrbahn der Deutschhöfer Straße, das sei zu gefährlich – wegen der Autos. Als Martinle dann jenseits des Geländers steht kommen ihm doch Zweifel an der Konstruktion seines Luftfahrzeugs und er sagt, dass er doch lieber nicht Pilot sein möchte. Die ca. 3,5 Meter bis zum Gehweg kommen ihm doch sehr hoch vor und er habe doch gar keine Flugerfahrung!

Die Überredungskünste seiner Freunde und die Bemerkung Rolfs, dass er doch nicht etwa als Feigling dastehen wolle und die ganze Arbeit umsonst gewesen sei sowie ein freundlicher Klapps auf die Schulter sorgten schließlich dafür, dass sich Martinle mit seinem *Bananenkartonobstkistchenflieger* doch von der Brücke stürzte.

Der Flug war kurz und die Landung hart. Ungebremst knallte Martinle auf den harten Gehweg unter der Brücke!

Einen gebrochenen Arm, eine kleine Platzwunde am Kopf und einige Prellungen trug der Bruchpilot davon.

Unbestätigten, aber vermutlich zuverlässigen Gerüchten zufolge, sollen in den nächsten Tagen vermehrt schmerzhafte Hinterteile und Hausarreste beim Rest der Rass aufgetreten sein…

SECHZEHN

DIE FARBEN DES MONDES

Gustl und Lubber saßen seit gut 17 Uhr in ihrer Stammkneipe „Fuchsbau" am Postplatz. Um 1 Uhr war Sperrstunde und der Wirt hatte heute einige Mühe, die beiden fleißigen Zecher zum Gehen zu bewegen.

Arm in Arm marschierten die beiden Trunkenbolde durch die Keßlergasse Richtung Markt. Als sie an der Salamander-Ecke auf den Marktplatz kamen, nahm Lubber trotz alkoholbedingter leicht eingeschränkter Sehfähigkeit einen gewaltigen Vollmond über dem Rathausgiebel wahr.

„Mensch Lllubber, schau ämool, wie schö orasch ddder Mmomond übüberm Rrrathaus steht!" lallt der von der Naturerscheinung schwer beeindruckte Gustl.

„Mensch Gugustl, der Momomond ist net ooraasch, der is doch gelb!" belehrt Lubber seinen Zechkumpan.

„Nää, der Mond ist ooraasch, guck doch gscheit hie!" brummt der Gustl zurück.

„Du bist doch ä Farbenblinder, der is gelb", schreit der Lubber und scho ham sich die zwei Schoppenhauer kräftig in der Wolle.

Mitten im lautstarken Farbenstreit kommt aus der Stadtknechtsgasse ein stattlicher Stadtpolizist auf Fusstreife über den Marktplatz zu den beiden Streithähnen.

„Was ist denn los, was brüllt ihr den mitten in der Nacht so herum?", will der Beamte wissen.

„Herr Wachtmeister, gut dass sie da sinn, sie können uns die Frach bestimmt beantwort, sie sinn ja ä Amtsperson", kommt es wie aus einem Mund von den beiden Zechern. „Is der Mond überm Rathaus orasch oder gelb?" „Deswecher streiten mir nämlich, Herr Wachtmeister!", lallt der Lubber.

Der Stadtpolizist schaut in den Himmel über dem Rathaus und sagt nach kurzer Überlegung: „Wwwelcher, der Lilinke odder der Rechte?"…

SIEBZEHN

PHYSIOTHERAPIE

Du liegst im Krankenhaus. Es geht dir nicht gut. Die Pumpe macht dir zu schaffen. Du liegst in deinem Bett und schaust deiner Infusionsflasche beim Tröpfeln zu. Komische Gedanken gehen dir durch den Kopf.

Deinem Zimmernachbarn geht es auch nicht gut. Ihm macht das Untergestell Probleme.

Da klopft es an der Zimmertür und da steht er! Fast 2 Meter groß und hager, dunkel geränderte Intellektuellen-Brille auf der Nase und ganz in Weiß gekleidet.

Den hast Du schon mal gesehen, schießt es dir durch den Kopf! Und dann: Na klar, das ist der ältere Bruder vom „Großen Blonden mit dem roten Schuh"! Nur der blonde Wuschelkopf stimmt nicht. Bei ihm dominiert eine glänzende Glatze und ein grauer Haarkranz, statt dem roten Schuh trägt er graumelierte Wollsocken und Berkemanns!

Mit sonorer Stimme wünscht er einen guten Morgen und stellt sich meinem urologischen Nachbarn extrem akzentuiert und jede Silbe sorgfältig betonend, als dessen Physiotherapeut vor.

Mit dem Enthusiasmus eines Jung-Pfarrers, der seine erste Sonntagspredigt in der vollen Dorfkirche hält, beginnt er mit seinen Ausführungen:

„Sooo, Herrn Neumann, ich möchte heute ein paar Üüübungen mit Ihnen machen", beginnt er das Gespräch. *„Wir werden zusammen etwas Beckenboooden-Gymnastik machen, Herr Neumann, wissen Sie, was das ist, Herrn Neumann?".*

„Dazu stimulieren wir den Körperteil zwischen den Hoooden und dem Aaanus, Herr Neumann!"

Du liegst in deinem Bett und glaubst nicht richtig zu hören – es scheint, der Tag wird noch interessant!

„Sooo, Herr Neumann, wie heißt denn das Körperteil zwischen den Hoooden und dem Aaanus? Wissen Sie daaas?", fragt der Große Graue meinen Leidensgenossen, der völlig verstummt in seinem Bett liegt.

„Na, das ist der Dammm, Herr Neumann! Der Damm spielt speziell bei den Frauen eine grooooße Rolle! Er muuuss seeehr elastisch sein, bei den Frauen, denn er wird bei der Gebuuurt ganz stark gedeeehnt!".

„Diesen Damm werden wir jetzt gemeinsam stimuliiieren, Herr Neumann!"

„Stellen Sie sich vor, Herr Neumann, sie hätten eine weibliche Scheide, eine Vaaagina!".

Du ziehst dir die Bettdecke über den Kopf und denkst, dir zerreißt es gleich das Zwerchfell, wenn der so weitermacht!

„Können Sie sich das vooorstellen, Herr Neumann, aus der Vaaagina hängt eine Spaghetti heraus, Herr Neumann! So, wie manchmal eine Nudel aus dem Mund heraushängt, wenn mann Spaghetti isst"
Bei dir läuft nun das Kopfkino an! Du musst dich so was von beherrschen, um nicht laut herauszuprusten! Wie soll das denn noch enden? Da geht das Physio-Kabarett auch schon weiter:

„Und nun, Herr Neumann, ziehen Sie mit der Vaaagina die Spaghetti nach innen! Können Sie sich das vorstellen, Herr Neumann?" und als ob dies nicht schon die Spitze der Vorstellung wäre, nein, der Therapeut spitzt die Lippen und gibt ein laut saugend-schmatzendes Geräusch von sich!

„Guuut Herr Neumann, seeehr guuut haben Sie das gemacht!" wird der völlig konsternierte Zimmergenosse gelobt.

Du liegst in deinem Bett und deine Selbstbeherrschung ist am Siedepunkt angelangt. Noch so ein Hammer und du weißt nicht, wie du den Lachzwang noch einigermaßen im Zaum halten kannst.

Für heute ist die Vorstellung beendet und der Große Graue verabschiedet sich.

Als er das Zimmer verlassen hat, schauen sich zwei Leidensgenossen kurz an und brechen in lautes, lang anhaltendes Gelächter aus, was die Tatsache bestärkt, dass Lachen doch die beste Medizin ist…

Als am nächsten Tag, pünktlich nach dem Frühstück, der Therapeut erneut im Zimmer steht und dem fassungslosen Nachbarn erklärt, dass er heute auf seiner Blase Klavier spielen möchte, ist es mit der Contenance endgültig zu Ende - raus aus dem Bett, Infusionsständer gepackt und ab auf den Balkon…

ACHTZEHN

DIENSTAUFSICHTSBESCHWERDE

Auf dem Main war ein großer Ölteppich gemeldet worden. Die Wasserschutzpolizei (WSP) Schweinfurt forderte deshalb einen Polizeihubschrauber von der Staffel in Roth an, um die Umweltverschmutzung aus der Luft zu dokumentieren und den Verursacher eventuell noch auf frischer Tat ermitteln zu können.

Polizeihauptmeister (PHM) Wurz stieg dafür auf den Mainwiesen in den Helikopter und ab gings in die Luft. Als die erforderlichen Film- und Fotoaufnahmen „im Kasten" waren, kam über Funk die Mitteilung über einen größeren Verkehrsunfall auf der nahegelegenen Autobahn.

Der Pilot des Helis meldete der Einsatzzentrale, dass *Edelweiß 3* in unmittelbarer Nähe sei und die Unfallstelle anfliegen werde. Aus der Luft bot sich den Beamten ein Bild der Verwüstung. Über 300 Meter Länge war die Autobahn mit Trümmern und Gegenständen übersät. In der Leitplanke lag ein Lieferwagen und ein umgestürzter, völlig zertrümmerter Anhänger. Der Co-Pilot gab der Zentrale eine erste Lagemeldung durch und erklärte, dass er neben dem Ereignisort landen werde und PHM Wurz die Unfallstelle bis zum Eintreffen der Autobahnpolizei absichern werde.

Was war geschehen? Das Anhängergespann eines ambulanten Händlers war plötzlich ins Schleudern geraten und der „**Billige Jakob**" verlor die Kontrolle über seine Fahrzeuge. Der Anhänger geriet mehrmals gegen die Leitplanke und wurde dabei völlig zerstört, bis der Fahrer, gottseidank unverletzt, seinen Lieferwagen zum Stillstand bringen konnte. Allerdings lagen auf 300 Metern Autobahn Unmengen von Hosenträgern, Heftpflastern (1-Mark-der-Meter-ein-Pflaster-braucht-ein-Jeder), Wurzelbürsten, Wäscheklammern, Sockenhaltern, Stricknadeln, Nudelsieben und tausend andere Haushaltsgegenstände verstreut!

Der wackere Wasserschutzpolizist Wurz eilte im Laufschritt zum Anfang der Unfallstelle und leitete den ankommenden Verkehr auf die linke Spur, die noch befahrbar war. Natürlich hatte sich zwischenzeitlich ein großer Stau gebildet. Alle Kraftfahrer folgten den unmissverständlichen Handzeichen des PHM Wurz, fuhren langsam auf die linke Spur und passierten die Unfallstelle. Alle – bis auf einen! Herr Protz im zitronengelben, offenen Porsche-Cabrio mit AB-Kennzeichen fuhr bis kurz vor die Füße des PHM Wurz und brüllte diesen an:

„Ei, was machst Du Süßwassermatrose in Deinem Faschingsanzug da auf der Autobahn? Du hältst doch den ganzen Verkehr auf! Verschwinde, dass ich weiterfahren kann!"!

Erklärend muss angeführt werden, dass zur Zeit dieses Vorfalls die Beamten der Bayerischen Landespolizei eine Uniform mit moosgrünen Jacken und beigefarbenen Hosen trugen. Die Beamten der WSP hingegen hatten traditionsgemäß schon immer dunkelblaue, maritime Dienstbekleidung mit weißer

Schirmmütze und statt der Rangabzeichen auf den Schulterklappen, goldene Ärmelstreifen als Attribut ihrer Besoldungsgruppe.

Der abgeklärte und erfahrene PHM Wurz begab sich zu dem rot köpfigen Schreihals im offenen Porsche und sagte mit ruhiger Stimme:

„Guten Tag mein Herr, ich bin Polizeihauptmeister Wurz von der Wasserschutzpolizei Schweinfurt. Ich regle hier den Verkehr, weil der rechte Fahrstreifen der Autobahn durch einen Unfall blockiert ist. Bitte fahren Sie, wie alle anderen Verkehrsteilnehmer auch, nach links und passieren Sie langsam und vorsichtig die Unfallstelle!".

*„Was Wasserschutzpolizei auf der Autobahn? Bist Du etwa mit dem **Boot** da?",* brüllte der Sportwagenfuzzi den Ordnungshüter an!

*„Nein, mein Herr, mit dem **Hubschrauber**!",* entgegnete ihm PHM Wurz noch immer freundlich und mit einem verschmitzten Lächeln im Gesicht.

Nun war es völlig vorbei mit der Contenance des Nobel-Cabriolisten! Die hysterisch und tobend angedrohte Dienstaufsichtsbeschwerde kam nie bei der vorgesetzten Dienststelle des wackeren PHM Wurz an…

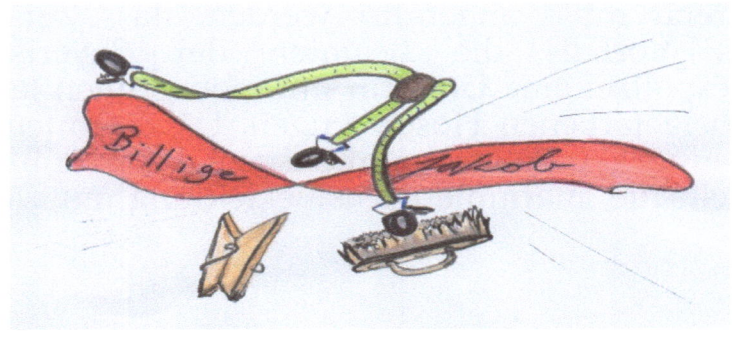

Der Autor:

Hajo Lehr, Jahrgang 1953, ist geborener und bekennender „Schnüdel", oder, wie man in Schweinfurt stolz sagt: „ein echter Mee-Brunzer".

Seit 2014 im Ruhestand, widmet sich der ehemalige Polizeibeamte hauptsächlich seinen drei Enkelkindern und schreibt, wenn er Zeit und Muse hat, heitere Bücher über seine Kindheit in seiner Heimatstadt, über knallharte Tabuthemen aus über 42 Jahren Polizeiarbeit und ein spannendes Tagebuch über eine abenteuerliche Sahara-Durchquerung.

hajo.lehr@online.de

Bisher vom gleichen Autor erschienen:

HAJO LEHR

GUTEN TAG, SIND SIE DIE WITWET MEIER?

Das Überbringen von Todesnachrichten und andere belastende Einsätze im polizeilichen Alltag.

ISBN: 9783744831451
Bei BoD Books on Demand
64 Seiten
10 Euro
Illustrationen von Rose Black

Hajo Lehr

Guten Tag, sind Sie die Witwe Meier?

Das Überbringen von Todesnachrichten und andere
belastende Einsätze im polizeilichen Alltag - Gedanken zu
einem Tabuthema

Zweite, illustrierte Auflage

HAJO LEHR

LÄUSHAMMEL WARN MER, GSCHRUBBDE!

Kriegsruinen und Eisenbahnbrücken, alte
Flakstellungen und Eisenbahnfriedhöfe, die
Faszination der Bunker und Lager in hohlen
Bäumen, echte Freunde und schlimme Streiche, die
Amerikaner in der Stadt und Vieles mehr:
Eine heitere Reise durch eine nicht immer einfache
Zeit und eine Liebeserklärung an Schweinfurt.

ISBN: 9783749437498
Bei BoD Books on Demand
92 Seiten
13 Euro
Illustrationen von Rose Black

NEUERSCHEINUNG

Hajo Lehr

Läushammel warn mer, gschrubbde!

92 Seiten
ISBN-13: 9783749437498
Verlag: Books on Demand
13 Euro

Schweinfurter Kindheits- und
Jugenderinnerungen zwischen 1950-1970

HAJO LEHR & MARTIN WINTER

TAGEBUCH EINER WAHNSINNSREISE

6.500km von Schweinfurt nach Lome/Togo
Durch die größte Wüste der Welt
Ohne Navi
Ohne Handy
Ohne Allrad – mit einem Peugeot 504
…aber mit viel Mut!

ISBN: 9783753426853
Bei BoD Books on Demand
194 Seiten
Ca. 50 Fotos
15 Euro

Die Illustratorin:

Rose Black alias **Delila Berger**, geb. 1982 in Freital/Sachsen, landete „durch die Liebe" in Schweinfurt.

Die Autodidaktin ist bekannt für ihre vorwiegend düsteren und makabren Werke.

Rose Black hat bereits Hajo Lehrs Erstlingswerk **„Guten Tag, sind Sie die Witwe Meier?"** und seine Kindheits- und Jugenderinnerungen **„Läushammel warn mer, gschrubbde!",** illustriert.

Neben ihren typischen Werken fertigt sie auch Auftragsportraits.

bergerdelia74@gmail.com

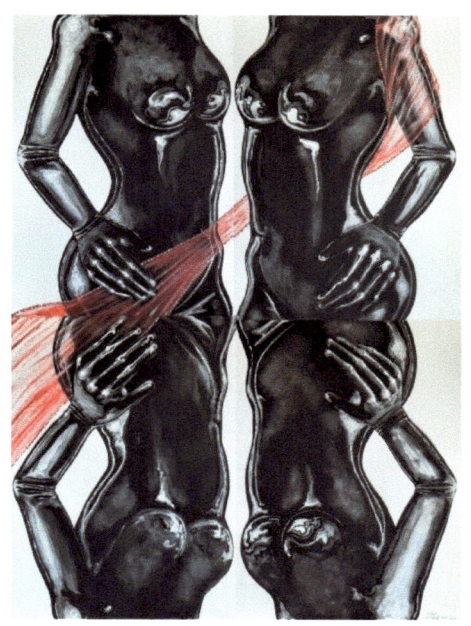
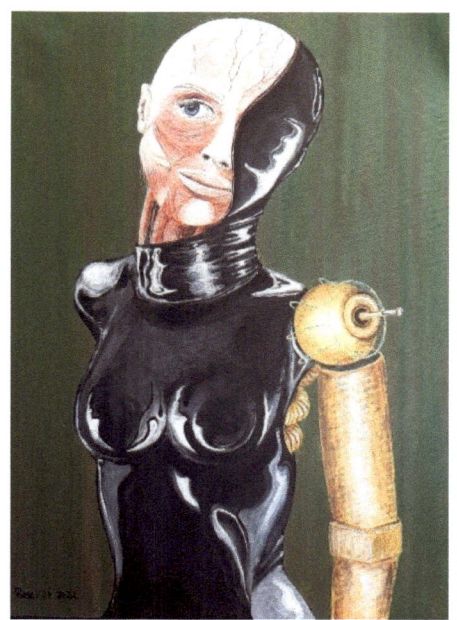
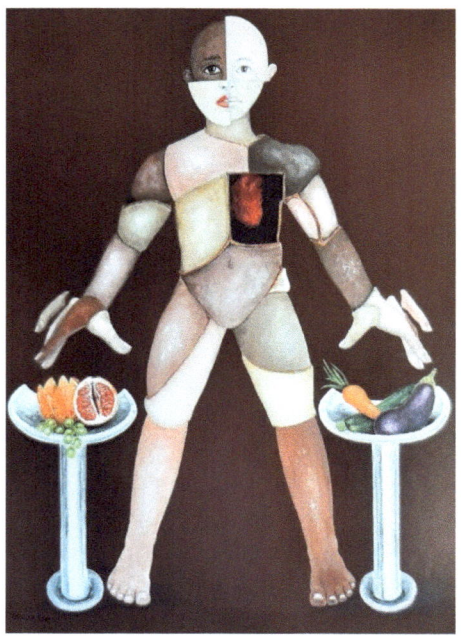